A TRÍPLICE ALIANÇA DA LUZ

A TRÍPLICE ALIANÇA DA LUZ

POR

CATHAROSE DE PETRI

Série das Rosas

TOMO V

LECTORIUM ROSICRUCIANUM

2014

Título original holandês
De driebond van het licht

2014
2.ª edição, de acordo com o acordo ortográfico de 1990
IMPRESSO NO BRASIL

LECTORIUM ROSICRUCIANUM
ESCOLA INTERNACIONAL DA ROSACRUZ ÁUREA

Sede Internacional
Bakenessergracht 11-15, Haarlem, Holanda
www.rozenkruis.nl

Sede no Brasil
Rua Sebastião Carneiro, 215, São Paulo, SP
www.rosacruzaurea.org.br

Sede em Portugal
Travessa das Pedras Negras, 1, 1.º, Lisboa, Portugal
www.rosacruzlectorium.org

Dados Internacionais de Catalogação na Publicação (CIP)
(Câmara Brasileira do Livro, SP, Brasil)

Petri, Catharose de, 1902–1990.
A Tríplice Aliança da Luz / por Catharose de Petri ; [traduzido por Equipe de tradutores do Lectorium Rosicrucianum]. – 2. ed. – Jarinu, SP : Lectorium Rosicrucianum, 2014. – (Série das rosas ; 5)

Título original: *De Driebond van het Licht.*
ISBN 978-85-62923-22-7

1. Cristianismo 2. Espiritualidade 3. Gnosticismo 4. Graal
5. Rosacrucianismo I. Título. II. Série.

14-05408 CDD-135.43

Índices para catálogo sistemático:

1. Rosa-Cruz : Ordem : Esoterismo 135.43

Caixa Postal 39 — 13.240-000 — Jarinu — SP — Brasil
Tel. (11) 4016.1817 — FAX (11) 4016.3405
www.pentagrama.org.br
livros@pentagrama.org.br

Sumário

Prefácio

Com esta edição especial de sete alocuções da Senhora Catharose de Petri, gostaríamos de lembrar os 50 anos ininterruptos a serviço da Rosacruz Áurea a que se consagrou a grã-mestra da jovem Fraternidade gnóstica, a partir de 24 de dezembro de 1930, quando recebeu da Rosacruz Áurea sua sagrada missão.

Queremos expressar aqui nossa imensa gratidão e reconhecimento pelo abençoado trabalho que ela realizou para a Escola Espiritual e seus alunos. Durante esses cinquenta anos, as sementes foram lançadas no coração de todos os que procuram e anseiam seguir o caminho da Rosacruz Áurea, o cristianismo universal.

O trabalho realizado juntamente com o Senhor Jan van Rijckenborgh assentou a base para que a nova manifestação da Fraternidade Universal se estabelecesse e pudesse difundir-se por todas as partes do mundo.

A Tríplice Aliança da Luz – Graal, Cátaros e Rosa-Cruz – é o tema deste livro. As três primeiras alocuções referem-se à transferência espiritual do tesouro dos Cátaros, a fraternidade precedente. As quatro alocuções seguintes colocam os alunos diante da senda da libertação, da tarefa que deverá ser realizada por todo ser humano.

Que a dedicação da Senhora Catharose de Petri durante todos esses anos possa despertar em muitos o anelo de percorrer esse caminho até o glorioso final.

Lectorium Rosicrucianum

I

Galaad

É para nós motivo de grande alegria testemunhar, deste lugar de serviço, que retomamos o fio áureo da vida que atravessa os séculos, o qual nos ligou tão firmemente ao passado gnóstico!

Tanto o Sr. Jan van Rijckenborgh como esta que lhes fala percebemos, desde a nossa juventude, que o passado gnóstico resplandecia ante nossa consciência como fator de união necessário à nossa missão atual a serviço da humanidade.

O Sr. Gadal afirmou muitas vezes que estávamos perfeitamente familiarizados com as grutas subterrâneas do Sabartez. De fato! Por esta razão, pudemos confirmar seu testemunho com um "sim" absoluto. Já nos primeiros anos de nossa infância, com nosso corpo etérico repleto de vivências cármicas, permanecíamos, muito conscientes, horas a fio nas grutas, montanhas e vales do Sabartez, nas proximidades do Guardião do Altíssimo.[1] Naquela época, a consciência da personalidade quase não se colocava a serviço do

[1] Nome de uma gruta (N.E.).

corpo material, e por isso, chamavam-nos de sonhadores incompreendidos. Todavia, em virtude de nossa predestinação, sendo ainda muito jovens, fomos colocados ante a necessidade de cumprir ainda nesta vida uma tarefa a serviço da humanidade. E disto tínhamos plena consciência! Conscientes de nossa missão, aceitamos com responsabilidade plena a tarefa que nos foi confiada em 1930 pela Fraternidade da Rosa-Cruz.

Desse momento em diante, partindo do nada, erigimos e conduzimos a sétupla Escola Espiritual da Rosacruz Áurea ao que ela é atualmente.

À medida que o campo de trabalho e, por conseguinte, o campo magnético de irradiação da Escola Espiritual se expandiam, crescia em nós o anseio de encontrar uma pessoa que, vivendo no campo material, servisse como elemento de ligação. O Sr. Jan van Rijckenborgh e esta que vos fala, muitas vezes dialogávamos sobre isso, e sabíamos que deveríamos aguardar o momento psicológico propício. Sentíamos a falta, em nosso ambiente imediato, de alguém com a mesma orientação e consciência do trabalho da corrente universal de fraternidades. No entanto, sabíamos que esse obreiro existia em corpo físico e que, como nós, elevava os olhos aos "montes de onde deveria vir o socorro". Um ser humano possuidor de idêntica consciência gnóstica, sintonizada com a vibrante, universal e divina vida da alma, que concede luz, amor e vida a todos os que anseiam ser libertos da dor e da morte desta natureza. Sentíamos falta de um contato concreto e direto com um amigo que seria, ao mesmo tempo, o nosso irmão mais velho. Em virtude de uma experiência mais rica de vida, ele poderia falar-nos a respeito da antiga, presente e futura Gnosis, que, em sua essência, é sempre a mesma.

Ansiávamos por encontrar semelhante ser humano, possuidor de uma alma amadurecida que irradiasse um amor impessoal para o mundo e para a humanidade. Tínhamos esperança de um dia encontrar esse homem, grande segundo o espírito e a alma, cujo saber e qualidade de alma garantissem o trabalho da jovem Fraternidade gnóstica.

Esse homem veio ao nosso encontro na pessoa do Sr. A. Gadal, da região do Sabartez. O fio áureo que nos liga ao passado, à fonte universal, ao último elo da corrente universal de fraternidades, reuniu-nos vinte e um anos atrás. É o fio de ouro do passado, do presente e do futuro, que uniu nossos caminhos com os antigos focos da corrente universal de fraternidades. Esse encontro com o patriarca Sr. Gadal possibilitou à jovem Fraternidade gnóstica ligar-se à fraternidade precedente, da Idade Média. Essas duas correntes, vibrando em uníssono, permitiram à nova arca, com renovada força, prosseguir o seu curso no mesmo ritmo em direção ao campo alma-espírito, cujos incalculáveis resultados apenas se manifestariam mais tarde.

Certamente muitos dentre nós ainda se lembram de que no dia 5 de maio de 1957, às 10 horas da manhã, na presença de nosso irmão Sr. Gadal e do grão-mestre Sr.

Van Rijckenborgh, bem como de muitos colaboradores e alunos da Escola Espiritual, foi inaugurado o monumento Galaad, e duas placas comemorativas foram fixadas em duas faces do cubo do monumento. Nesse mesmo dia, 5 de maio de 1957, ficou evidente que estava incluído no plano dos grandes, que em meio aos testemunhos imperecíveis da fraternidade precedente, deveria ser erigido um marco visível, um sinal visível no coração dos grandes santuários antigos. Naquela data, foi esculpida a primeira pedra, e também foi erguido um monumento singelo, mas de profundo significado e grande valor.

Em razão da venda do prédio de alojamentos em Ussat-les-Bains, esse mesmo monumento foi transferido, após algum tempo, para um terreno vizinho, pertencente à Escola Espiritual. Por essa razão, no dia 1º de junho de 1969, estava ali reunido um pequeno grupo de alunos procedentes de cinco diferentes campos de trabalho, a saber: França, Alemanha, Suíça, Brasil e Holanda, a fim de consagrar outra vez esse monumento ao seu desígnio, e também para fixar mais duas placas comemorativas nas duas outras faces do cubo que, até então, estavam vazias. As inscrições em francês gravadas nessas duas placas comemorativas têm o mesmo teor daquele das outras duas placas já fixadas anteriormente.

Desse modo, o profundo significado e o elevado valor desse monumento no vale do Ariège, tornou-se ainda mais amplo. Todas as pessoas que contemplam esse monumento no coração deste sereno vale, são confrontadas com o testemunho da verdade. Esse testemunho não só é a prova visível da existência de uma antiga fraternidade gnóstica, mas também da existência de uma jovem Fraternidade gnóstica vivente e muito ativa em nossos dias. Esse monumento simboliza que a Trindade da Luz: Graal, Cátaros e Rosa-Cruz, não é uma simples etiqueta. A Tríplice Aliança da Luz sempre existiu, desde os primórdios até nossos dias, e continuará existindo até o mais longínquo futuro, sim, até a eternidade.

Naquela época, o Sr. Van Rijckenborgh solicitou aos irmãos que viajaram a Ussat-les-Bains que erguessem um monumento simples e perfeitamente em concordância com o símbolo que todos conhecemos: o círculo, o quadrado e o triângulo. Pensamos em uma superfície circular, em cujo centro seria colocado um cubo e sobre este uma pedra sideral. Pedimos aos nossos colaboradores que submetessem o nosso plano ao Sr. Gadal. Depois de refletir bastante, ele nos honrou sentindo-se impulsionado do íntimo a propor e permitir que colocássemos sobre a face superior do cubo, como símbolo principal, a pedra da mesa do altar de Belém.[2] Sabemos que outrora o dirigente da fraternidade precedente, quando oficiava os serviços sagrados, colocava-se por detrás desse altar. Todo perfeito guardava a mais sagrada recordação das horas sublimes vividas nesse santuário de Belém. Este é o símbolo original que nós, a jovem Fraternidade gnóstica, recebemos das mãos do

[2] A autora se refere à gruta de Belém (N.E.).

Sr. Gadal, o guardião das grutas de Ussat-les-Bains. Por meio desse monumento no vale do Ariège, a jovem Fraternidade gnóstica testemunha que ela, em nossa época, efetivamente quer estar verdadeiramente sobre o "quadrado da construção". É com essa finalidade que todos nós como alunos devemos estar prontos para realizar nossa oferenda.

A corrente universal das fraternidades precedentes respondeu a isto com suas bênçãos. Sobre essa base, já no dia 5 de maio de 1957, com esse monumento, foi de novo erigido o antigo santuário de Belém. Desse modo, o passado, o presente e o futuro fundem-se em um estado existencial absoluto.

Na cavidade do monumento, no coração do cubo, estão conservados juntos documentos do passado e do presente, como símbolo de uma unidade universal:

1. Um pedaço de chumbo do telhado do castelo de Montségur;
2. uma pedra do teto da Gruta de Belém, queimado pelo fogo;
3. outra pedra do teto da Gruta de Belém, queimado pelo fogo;
4. um fragmento de cerâmica das oficinas da gruta *Les Églises* (As Igrejas);
5. um meteorito encontrado no "Grande Cemitério";

6 e 7. duas *Lapidis ex cœlis*, o que significa: dois meteoritos de qualidade muito especial. Um meteorito é uma pedra de natureza sideral.

Contudo, a *Lapis ex cœlis* é uma ofita,[3] isto é, uma cristalização de energias.

Desse modo, em 5 de maio de 1957, o lendário tesouro da Gnosis foi confiado à jovem Fraternidade gnóstica. O próprio Sr. Gadal depositou todos esses símbolos do passado no coração do monumento.

Como devemos compreender esse tesouro dos cátaros? Devemos vê-lo em sentido duplo: tanto material como imaterial.

Assim, no domingo, dia 1º de junho de 1969, pela manhã, colocamo-nos perante a tarefa para a qual fomos a Ussat-les-Bains e reunimo-nos em torno do monumento do centro de iniciação nos Pirineus, no sul da França. Primeiro, foram fixadas as duas placas comemorativas sobre as duas outras faces do cubo, pronunciando as seguintes palavras:

"Em nome da corrente universal de fraternidades de Jesus Cristo;
em nome da fraternidade precedente dos cátaros e do Santo Graal;
em nome do grão-mestre da jovem Fraternidade gnóstica, o Sr. Jan van Rijckenborgh;
e na força unificadora da Tríplice Aliança da Luz: Graal, Cátaros e Rosa-Cruz,

---

[3] Designação dada por geólogos a rochas de diferentes composições, sobretudo as esverdeadas com cristais de feldspato (N.T.).

que as nossas esperanças sejam confirmadas:
em primeiro lugar, pelos irmãos e irmãs aqui presentes;
em segundo lugar, por todos em quem a rosa imperecível despertou;
em terceiro lugar, por todos os que são dignos de receber o antiquíssimo tesouro dos cátaros, porque deram provas de serem seres humanos amadurecidos para isso e de terem percebido do imo a tarefa de difundir ao seu redor a grande benção desse tesouro de valor imperecível".

Após esse cerimonial, chegou o momento de novamente, no tempo, estabelecer esse monumento como um todo, e para isso repetimos as palavras que foram proferidas no memorável dia 5 de maio de 1957. Assim, novamente foram lidos os versículos 43 a 55 do capítulo 31 do Gênesis:

"Então, respondeu Labão a Jacó: Estas são minhas filhas, estes são meus filhos, estes são meus rebanhos, e tudo o que vês é meu; que posso fazer hoje a estas minhas filhas ou aos filhos que elas deram à luz? Agora, pois, vem e façamos uma aliança, eu e tu, que seja por testemunho entre mim e ti. Então tomou Jacó uma pedra, e a erigiu como coluna. E disse a seus irmãos: Ajuntai pedras. Tomaram, pois, pedras e fizeram um montão, e comeram ali sobre aquele montão. E Labão chamou-lhe com um nome caldeu, *Jegar-Saaduta,* que significa montão do testemunho; Jacó, porém, deu-lhe o nome hebreu *Galaad;* cada um segundo o uso correto de sua língua. Então, disse Labão: Este montão seja, hoje, por testemunha entre mim e ti; por isso foi chamado *Galaad,* que quer dizer o montão do testemunho. [...] ele disse: Atente o Senhor entre mim e ti, quando estivermos apartados um do outro. [...] Disse mais Labão a Jacó: Eis aqui este mesmo montão, e eis aqui esta coluna que levantei entre mim e ti. Seja o montão testemunha, e seja a coluna testemunha de que para mal não passarei o montão para lá, e tu não passarás o montão e a coluna para cá. [...] E ofereceu Jacó um sacrifício na montanha e convidou seus irmãos para comerem pão; comeram pão e passaram a noite na montanha. Tendo-se levantado Labão pela madrugada, beijou seus filhos e suas filhas e os abençoou; e, partindo, voltou para sua casa."

E agora temos o sagrado dever de empregar esse tesouro, pois a luz de Belém removeu as pedras de suas bases. A bênção do grande reino das almas nos foi concedida, desde agora até o porvir, como irradiação atual do Espírito Sétuplo Universal, para uma queda ou para uma ressurreição.

Que para todos nós seja para uma ressurreição!

II

O tesouro imaterial dos cátaros

Através dos séculos têm surgido muitas lendas sobre o tesouro dos cátaros, e sabemos que os perseguidores dos cátaros fizeram inúmeras investigações, a fim de se apropriarem desse tesouro.

Por ocasião de sua visita à Holanda em 1956, o Sr. Gadal narrou uma experiência espiritual que vivenciou na gruta "A Catedral"[4] em Ussat-les-Bains. Ele vislumbrou alguns irmãos e dirigentes dos cátaros que, durante o cerco dos inimigos, desciam clandestinamente pelas encostas de Montségur, a fim de colocar em segurança, nos esconderijos secretos das montanhas, o tesouro cátaro. Eles seguiram pelo conhecido "caminho dos cátaros" até o vale do Ariège. Muitos são os que afirmam que o tesouro se encontra em uma das grutas do vale do Ariège. Essas suposições inspiraram numerosas investigações cujos resultados têm sido infrutíferos até esta data.

Como falamos em nossa primeira alocução, precisamos compreender o tesouro dos cátaros sob dois

[4] Conhecida como a gruta de Lombrives (N.E.).

aspectos: um material e outro imaterial. Não é nossa intenção afirmar que sabemos tudo sobre essas coisas, porém tentaremos esclarecer primeiro o que é o tesouro imaterial dos cátaros.

Assim podemos deduzir melhor em que consiste esse tesouro material, embora jamais o tenhamos visto, porque assim poderemos determinar qual a relação desse conhecimento com a jovem Fraternidade gnóstica e quais serão as consequências disso para os alunos.

Podemos afirmar, sem dúvida, que o tesouro imaterial dos cátaros é o mesmo que o de qualquer fraternidade gnóstica fidedigna. Esse tesouro consiste em riquezas incomensuráveis para todos os que participam do campo do Espírito Universal. O que afirmamos não é o resultado de uma imaginação fantasiosa ou mística, porém o testemunho de uma realidade vivente!

A Escola Espiritual da Rosacruz Áurea tem falado sempre que o ser humano precisa primeiro abrir o coração à força de luz da Gnosis, se quiser trilhar a senda gnóstica da iniciação. A seguir, ele deve tomar sobre os ombros a cruz interior, a cruz das rosas, e levá-la do santuário do coração até o santuário da cabeça ou, dito em outras palavras: de Belém ao Gólgota. Esse caminho da cruz deve ser empreendido pelo aluno, caso queira participar do fruto de Deus. Esse tesouro não pode ser guardado em recipientes terrenos.

Essa senda da cruz implica na morte do eu. Portanto, traz sofrimento, visto que se defrontam, no mesmo sistema vital, duas correntes de forças, uma corrente de força desta natureza e uma corrente de força da Gnosis, que não é desta natureza. Por isso, não basta crer na Gnosis e na Fraternidade Imortal, porém é necessário aceitar o processo de ser inflamado pelo Espírito de Deus, submergir em Jesus e, nessa base, renascer pelo Espírito Santo. Somente assim se ganha o fruto de Deus, o tesouro!

Certamente compreendemos que para receber esse fruto de Deus é necessário grande amor! O Sr. Gadal enviou-nos uma carta datada do dia 13 de outubro de 1956, onde ele diz:

"Montségur, a imponente fogueira do sacerdócio gnóstico; Montréal de Sos, o castelo do Graal de Wolfram von Eschenbach e de Wagner, em cuja cripta, os irmãos do Graal recebiam sua iniciação, conservam as gravuras desse sagrado mistério. Nos vales do Ariège e do Sos, nos imensos salões interiores da montanha sagrada de Ussat, viviam as fraternidades gnósticas que nos são tão caras: os rosa-cruzes, os cátaros e os templários. Que felicidade reinava nessas comunidades ideais! Por isso, a Occitânia, isto é, o Sul da França, tornou-se naturalmente um completo reino do amor".

"Deus é amor!" Essa era uma de suas expressões preferidas. E esse reino do amor conduzia à Fraternidade Universal! "A profunda paz, Irmão", "Deus é amor", "As belas consolações de Belém" eram como bênçãos contínuas em seus lábios. Nesse reino do amor, evidentemente, não havia inimizade. Contudo, a existência desse reino e sua atividade infelizmente despertaram uma cruel inimizade. Como se manifestava esse reino do amor?

Um grão-mestre, apoiado por uma venerável arquidiaconisa, ou seja, uma grã-mestra, dirigia com seus conselhos toda a irmandade. Para eles, o Verbo não estava selado na Bíblia nem as escrituras acorrentadas ao templo. Não havia nenhum Deus encerrado em um tabernáculo, nem tampouco um sumo sacerdote guardião do céu e do inferno, nenhuma escravidão ou morte do espírito. Não, Deus salvou o mundo duas vezes do materialismo e da ruína mediante a poderosa revolução da Gnosis, com auxílio dos místicos, gnósticos, anacoretas e grandes sábios das grutas. Deus permitiu aos rosa-cruzes, aos cátaros, aos leonistas, aos espiritualistas de Narbonne e da Calábria erguer a voz contra a fé cega e o dogma irracional. Por isso foram considerados heréticos.

As igrejas de João e de Paulo foram consideradas heréticas, e também os rosa-cruzes, os templários, todos eles irmãos da Fraternidade Universal, que, com os cátaros, fizeram ressurgir o templo do Espírito.

É apenas dessa maneira, e de nenhuma outra, que se recebe o fruto de Deus, o tesouro!

Mas o que é esse tesouro? Teoricamente todos nós o sabemos: a nova alma nasce no coração celeste. Daí ela espreita e vê, em determinado momento, pelo espaço aberto que se encontra atrás do osso frontal e é confrontada com a luz e com a força de irradiação do Espírito.

Desse momento em diante, ela toma posse do tesouro imperecível.

O Espírito, que se projeta na alma, participa do campo espiritual universal. O campo do Espírito Universal manifesta-se em sete correntes de plenitude, isto é, do Espírito Sétuplo. Quem o recebe toma parte nele como alma renascida, e, no mesmo instante participa de tudo o que o Espírito Sétuplo ou Deus é ou tenciona. Ele possui o tesouro imaterial, o mais elevado, e o mais sublime que o ser humano renascido pode receber!

No Espírito está:
a vida absoluta,
o amor absoluto,
a inteligência absoluta,
a harmonia absoluta,
a sabedoria absoluta,
a devoção absoluta,
o ato libertador absoluto.

Não devemos considerar esses sete aspectos separadamente, mas como uma unidade, pois são interdependentes.

Talvez conheçamos pessoas que souberam ou sabem fazer algo de sua vida. Umas são muito amorosas, muito inteligentes, e outras demonstram em seus atos certa harmonia, uma arte de viver. Conhecemos sem dúvida homens eminentes, ativos e abnegados. Contudo, quem participa do Espírito Sétuplo universal recebe o tesouro sétuplo, em que cada aspecto é determinado pelos outros seis. Pela ação conjunta dos sete raios do Logos, a eternidade é revelada no tempo pelo homem liberto. Para o homem alma-espírito já não há fronteiras para o saber, o conhecimento ou o domínio das ações. Todas as fronteiras, todos os obstáculos, todos os limites foram completamente removidos. E, desse momento em diante, nasce e desenvolve-se a relação entre ele, o Filho de Deus e seu Pai. Isso significa que a partir daí começa um desenvolvimento progressivo de caráter universal, um crescimento que em princípio não pode ser detido, por conseguinte, uma vida, uma aspiração e um trabalho ininterruptos provenientes do tesouro imperecível.

Esse é o aspecto imaterial do tesouro dos cátaros, que foi e é o tesouro de todos os iniciados. Eis por que todos os filhos de Deus são totalmente semelhantes e possuem o mesmo tesouro. Por isso são unos, pois nada há que possa separá-los e se reconhecem mutuamente no mundo inteiro, embora não estejam todos no mesmo nível de desenvolvimento espiritual, pois existem irmãos e irmãs mais antigos e irmãos mais novos. Os mais antigos já avançaram mais no processo de santificação. Os mais novos o sabem, veem e experimentam. O mais antigo reconhecerá imediatamente o mais novo e sentirá alegria no coração, grande alegria, ao saber que um novo irmão ou irmã participa do eterno e imensurável tesouro! O mais antigo não se coloca ante o mais novo com sentimento de superioridade, pois para o Espírito Universal não há maior nem menor. Entre os nascidos segundo a alma-espírito, reina uma *Sancta Democratio*, uma verdadeira liberdade, igualdade e fraternidade. O que um possui todos possuirão, o que um consegue todos conseguirão, o que um faz todos farão.

Se após algumas reflexões tivermos compreendido com clareza tudo isso, poderemos deduzir facilmente em que consiste o tesouro material dos cátaros, e de que, em realidade, ele é constituído! E compreenderemos que, se esse tesouro jamais foi encontrado, isso não significa a morte dos povos, visto que o tesouro imaterial sempre pode ser transformado em material se forem observadas as leis espirituais estabelecidas. Portanto, nada estará perdido, mesmo que ele não seja encontrado. Nada pode ser destruído mesmo que tenha sido transformado em pó! O que pode acontecer é perder-se um período de tempo, por exemplo, um trabalho espiritual que deveria ser realizado na natureza da morte fica impossibilitado de prosseguir porque a sabedoria imaterial, transformada em material, foi desvirtuada pela ciência e pelos costumes. Nesse caso, a única vantagem para a natureza da morte é "ganhar tempo". Contudo, para Deus, mil anos são como um dia! Eis por que o tesouro é imperecível e inatacável, e a vitória está sempre assegurada!

Para confirmar essas coisas, citaremos algumas palavras do Sr. Gadal, dirigidas aos alunos da Escola Espiritual em maio de 1957:

"No princípio era o Verbo... e a luz resplandece nas trevas!

Vede a estrela flamejante, a estrela luminosa, o Pentagrama de Belém, que revela o material e o imaterial, o *consolamentum* dos perfeitos. Os perseguidos e os proscritos jamais abandonaram esse lema, que é seu lema. Também deve ser reconhecido que, através da obscuridade da história, a luz divina resplandece mais do que nunca e revela a perfeita verdade."

Com essa realidade comovente diante dos olhos, finalizamos esta alocução com as palavras:

"Glória à Palavra do Espírito Santo ígneo!"

III

O TESOURO MATERIAL DOS CÁTAROS

Após nossas considerações sobre o tesouro imaterial dos cátaros, reflitamos agora sobre o tesouro material, que em parte está oculto e protegido nos locais secretos da fraternidade precedente e que, no momento certo, surgirá à luz do dia com determinada finalidade.

Imaginemos o desenvolvimento de uma jovem fraternidade gnóstica, que recebeu a missão de trazer, em sua época, a mensagem de salvação para a humanidade buscadora que se encontra na natureza da morte, de recolher a colheita dos campos e levá-la para a casa do Pai. Tomemos como exemplo a fraternidade dos cátaros. Essa fraternidade foi guiada desde o início em seu trabalho por seres libertos segundo a alma e o Espírito. Eles tinham acesso ao campo espiritual sétuplo e por conseguinte à plenitude do Espírito Sétuplo. Uma vez que os sete raios de Deus operavam neles, possuíam interiormente "conhecimento de primeira mão", "força de primeira mão". Estavam plenos do Espírito Santo, realizavam seu trabalho com base no Espírito Santo e por seu intermédio.

Que trabalho era esse? O trabalho de semear e colher. Eles semeavam a Doutrina Universal, isto é, colocavam magicamente as sementes em solo desnaturado para fazê-las crescer e um dia poder colhê-las e levá-las aos celeiros.

Como foi e como é realizado este trabalho? Segundo uma diretriz universal? Uma diretriz imutável em todos os tempos? Não, os dirigentes dos cátaros sabiam, assim como os dirigentes das demais fraternidades gnósticas, que deveriam levar em conta o tempo, o lugar e as circunstâncias da época.

O mundo encontra-se em constante mudança e passa por diferentes estados de desenvolvimento que os obreiros na vinha de Deus devem levar em conta. Os servidores precisam elevar-se com auxílio de um conhecimento adquirido interiormente e em completa autorresponsabilidade, seguindo as diretrizes da lei universal e levando a mensagem universal de salvação. Eles sabem que essa mensagem deve ser sempre atual, dinâmica e prática em cada época que se manifestar. Na natureza da morte, toda e qualquer mensagem de uma fraternidade é profanada, deturpada por mutilações, tornando-se, por isso, ineficaz ou até impossível de ser empregada.

Os dirigentes dos cátaros não dispunham de velhos livros e antigos manuscritos de onde pudessem tirar os conhecimentos, a sabedoria, para depois vivenciá-la e transmiti-la. Não, eles deviam liberar por si mesmos esse conhecimento, essa sabedoria e o método do Ensinamento Universal por meio da alma-

-espírito. E o mesmo todos nós devemos fazer, precisamos liberar o fruto de Deus.

Os cátaros escreviam eles mesmos suas obras, formulavam seus métodos, compunham seus rituais e aplicavam sua magia.

Nós, que comparamos objetivamente seu trabalho com revelações gnósticas de outras épocas, podemos afirmar que esse trabalho é incontestavelmente hermético! Em todas essas manifestações escutamos as vozes da única verdade, semelhantes entre si como gotas d'água.

Contudo, encontraremos pequenas diferenças nas realizações práticas e às vezes até grandes diferenças na revelação. Pensemos, por exemplo, no fato de que muitas antigas fraternidades se dirigiam às massas exclusivamente por intermédio de palavras simbólicas, enquanto a jovem Fraternidade gnóstica, nossa Escola Espiritual, dirige-se a seus alunos de modo claro e em linguagem direta. É a mesma mensagem universal, mas o método é diferente.

Assim, temos absoluta certeza de que os dirigentes dos cátaros, quando empregavam seus rituais, formulações, sacramentos e sua magia, faziam-no com base no conhecimento de primeira mão, transmutado para ser aplicado na natureza da morte e em completa sintonia com as radiações e leis atuantes no momento. Esses tesouros imateriais foram transformados em materiais, em substanciais.

Certamente compreenderemos que esses tesouros espirituais transmutados em matéria se tornam inoperantes nas mãos de estranhos, sim, até mesmo prejudiciais! Eis por que o tesouro material dos cátaros deve ser protegido e mantido oculto, pois, se cair em mãos de estranhos, muita coisa desagradável poderá acontecer. A história tem-nos mostrado sobejamente.

Os irmãos do Santo Graal indicavam sempre esse único caminho, esse único método; não o faziam em segredo, porém seus opositores e adversários desconfiavam sempre e acreditavam que eles mantinham escondidos muitos segredos importantes. O homem natural quer vencer na matéria, razão pela qual procura constantemente o elo que falta, que realmente não existe, pelo menos para ele!

Verificamos que o tesouro imaterial de cada fraternidade gnóstica apenas poderá ser extraído do campo universal do Espírito por meio do conhecimento gnóstico direto! Enquanto esse tão elevado tesouro da fonte eterna de todas as coisas permanecer guardado por um grupo de pessoas que possuem acesso a essa fonte, não se deve temer nenhum perigo. Contudo, logo que esse tesouro for transmutado em um tesouro material a serviço da colheita, o perigo sempre estará presente, e todo o trabalho gnóstico corre o risco de ser danificado. Na maioria das vezes, pelo falso entusiasmo dos alunos e obreiros voltados à Gnosis, e por falta de compreensão da tarefa, da meta e de seu valor e, acima de tudo, por conhecimento insuficiente da magia gnóstica!

O trabalho pode ser prejudicado devido à impertinência dos obreiros que, embora com boas intenções, seguem tendências pessoais.

Compreendamos bem que não estamos acusando ninguém, porém é apenas uma verificação clara e uma busca de solução. No mais, passamos para a ordem do novo dia, em que todos saberemos qual comportamento cada aluno da Gnosis deve adotar. Daí em diante, seremos todos julgados segundo as exigências desse dia.

Sabemos em que consiste o tesouro material: 1º a doutrina; 2º o método; 3º os meios.

A doutrina gnóstica é sempre a mesma; os métodos, os meios e as diretrizes são diferentes em diversos aspectos! Examinemos em sequência os três aspectos mencionados:

Primeiro, a doutrina consiste em uma parte manifestada; segundo, em uma parte revelada a alguns seres humanos; terceiro, em uma parte não manifestada, preparada para um eventual dia vindouro. A literatura de nossa Escola Espiritual pertence à parte revelada. A fraternidade precedente não possuía este aspecto. Possuía somente manuscritos, doutrina oral e símbolos.

Suponhamos que os alunos possuam todos os livros da Escola Espiritual, livros estes que são vendidos em livrarias e que estão à disposição de qualquer pessoa que queira comprá-los. Isso traz perigo e eventualmente resistência contra a Escola, pois os inimigos da Escola Espiritual usam nossa literatura para formação de uma resistência organizada. Sabemos que pequenos e isolados grupos usam nossa literatura para servir a seus objetivos. A direção da Escola o sabe, mas leva em conta este risco e este perigo, pois ela precisa levar sua mensagem ao público buscador mediante os meios atuais de publicação. A Escola Espiritual da Rosacruz Áurea precisa fazê-lo na agitada época em que vivemos pois o fim dos tempos aproxima-se aceleradamente e a cada momento surgem alterações nas constelações que influenciam os povos. A Escola Espiritual da Rosacruz Áurea precisa empregar o tempo que ainda resta, por isso deve apressar-se!

Todos nós podemos ajudar a reduzir ao máximo esses perigos e assim proteger esse tesouro de imperecível valor, falando somente sobre a doutrina revelada quando nos pedirem e se estivermos seguros de que a pergunta demonstre um verdadeiro interesse.

Sabemos que a Escola Espiritual da Rosacruz Áurea possui cinco aspectos externos. Deles irradia uma doutrina quíntupla, que, em virtude de sua natureza não dialética, é uma doutrina secreta. Não podemos levar ao mundo essa doutrina em sua pura essência, pois ela sempre encontrará inimizade. Esta já é uma razão suficiente para que guardemos no coração tudo o que ouvirmos e recebermos como ensinamento de nossa Escola Espiritual. E isto é válido principalmente para a doutrina transmitida no terceiro campo de trabalho, a Escola de Consciência Superior, e no quarto campo de trabalho, a Ekklesia.

Esse é o motivo pelo qual a Escola Espiritual sempre pede que mantenhamos segredo. Nossa solicitação para manter segredo não é receio de eventuais conspirações contra a Escola, nem tampouco devido a experiências que poderiam deixar-nos extasiados. Fazemos isso simplesmente com o objetivo de não causar dano à Escola Espiritual, a nós mesmos e a terceiros, porque os ensinamentos gnósticos sempre ocasionam danos quando são adaptados ao ego ou ao nível do ego.

Eis a razão pela qual a Escola Espiritual e sua direção devem estar muito atentas para reduzir ao mínimo o fator perigo.

Assim, compreenderemos por que é exigido um controle rigoroso com referência à doutrina e às alocuções da Escola. A verdade nos obriga a afirmar que, pela falta de compreensão dos verdadeiros objetivos, os nossos pedidos no passado, muitas vezes não foram levados em consideração.

E qual foi a causa? Faltou, basicamente, uma ligação positiva com o Espírito Sétuplo Universal, cuja consequência foi o insuficiente desenvolvimento do elemento amor, do elemento inteligência e do elemento sabedoria. Eis por que a Escola Espiritual precisa estabelecer diretrizes em razão de seu amor a todos, à humanidade, à sua vocação e à corrente universal de fraternidades! A doutrina gnóstica não trará perigos, se for irradiada nos aspectos mais elevados da Escola Espiritual, pois ali se manifesta em seus aspectos imateriais, acessível apenas à alma-espírito.

Falamos há pouco que ao tesouro material da Escola Espiritual pertencem também o método e os meios. O método ensina como executar a obra servidora, em todos os seus matizes. Aos meios pertencem, por exemplo, nossos templos, as oficinas consagradas onde são realizados os trabalhos, sem esquecer o mais importante: os rituais.

A organização da Escola Espiritual, toda sua apresentação, a ordem e o uso dos templos, a imagem material, deve ser o reflexo de uma realidade imaterial. A obra deverá ser provada constantemente para que se ajuste a essas exigências. Em caso de desvios, as correções oportunas deverão ser feitas. Se refletirmos sobre o assunto, iremos compreendê-lo.

Poderíamos perguntar: o que vem a ser um ritual? Na vida religiosa comum um ritual não passa de uma invocação mística, uma espécie de introdução e epílogo. Para os que vieram a nossa Escola, procedentes do catolicismo romano ou grupos semelhantes, um ritual é de fato um obstáculo interior. Eles são gratos por terem se livrado deles, pois experimentaram que a repetição contínua de um ritual os aprisionava. Seja como for, no contexto de nossas exposições, a doutrina e o ritual andam lado a lado, são um par e, por conseguinte, não podem ser separados, pois o ritual é o meio mágico para fixar a doutrina no homem e no mundo. É o meio mágico por excelência, pois neutraliza todo egocentrismo, todo desejo egoísta.

Por que os ritos das igrejas dão uma angustiante impressão de aprisionamento? Porque são antigos, porque procedem de condições de radiações do passado! Os rituais que a jovem Fraternidade gnóstica usa, os ritos com suas invocações, orações e mantras, assim como as palavras esclarecedoras introdutórias da Doutrina Universal, são materializações diretas do tesouro imaterial da jovem Fraternidade gnóstica, provenientes da ligação com o Espírito Sétuplo Universal, portanto, são sagradas e invioláveis.

Vulgarizá-las, modificá-las, negá-las, copiá-las ou fazer uso indevido, irreverente, não deverá ser permitido, pois trata-se de elementos de extrema importância para o desenvolvimento da Escola Espiritual. Compreendamo-lo bem, trata-se, nada mais nada menos, da magia da Escola Espiritual cuja tarefa é estabelecer no tempo a sua doutrina! Várias vezes tem acontecido que os rituais entregues de boa-fé em mãos de obreiros, foram arbitrariamente modificados. Compreenderemos que isso não pode ser tolerado. É a influência do clássico inimigo que tenta desvirtuar a magia da Escola Espiritual, a fim de roubá-la de sua força! E isso é um atentado contra o tesouro imperecível da jovem Fraternidade gnóstica. Por isso, caros amigos:

Conscientizemo-nos dessas coisas! A voz chamadora da Gnosis ressoa alto em nossa vida: Saibamos que o tempo já chegou. Nós, que durante anos a fio fomos preparados para o hoje, venhamos agora, como um corpo de alunos, a fim de professar a Rosa-Cruz!

IV

A quíntupla Estrela de Belém

A hora tão esperada chegou! Aqui estamos reunidos, animados com o desejo de aproximar-nos cada vez mais da Gnosis, permanecer por alguns dias no foco de Renova, como membros da Escola Interna, unidos à luz do Logos. Precisamos compreender e sentir o profundo significado desse grandioso acontecimento! Que a necessária compreensão possa encontrar caminho em nosso coração e, em nossa alma, um solo bem preparado, é a prece que se eleva a todos os grandes que nos antecederam.

Estamos reunidos nessa conferência, a fim de atingir alguns objetivos. Sem dúvida, muitos dentre nós, se não todos, prepararam-se seriamente para esta conferência, pois o objetivo essencial de nossa reunião deve tornar-se realidade. Mas essa meta apenas poderá ser alcançada se estivermos bem orientados. Essa meta apenas poderá ser compreendida e sentida interiormente no Santo Graal. É a união positiva, clara e consciente entre os membros da jovem Fraternidade gnóstica e o último elo da corrente da Fraternidade Universal, ou seja, a fraternidade que recebeu o nome de Rosa-Cruz, a fraternidade dos cátaros, a dos templários e a do Santo Graal. Essa tríplice e sagrada Fraternidade, em ligação com os membros da Escola Interna, deve manifestar sua total claridade em nossos dias, em nosso coração, em nossa alma e em todo nosso ser.

Falamos de uma tríplice aliança e de um toque tríplice, pois sem esse tríplice contato o Santo Graal não poderá tornar-se realidade em nós como posse interior. O Santo Graal apenas poderá tomar forma em quem dele se aproxima com pureza de coração, com um testemunho positivo, real e perfeito e com a graça de um "conhecimento santificado". Se falamos de união positiva, então precisamos falar primeiro de união negativa, de uma série de orientações que todos nós sentimos, uma série de estados de ânimo igualmente vivenciada por todos, aos quais durante anos tentamos reagir e finalmente nos conduziram à Escola Espiritual da Rosa-Cruz.

Nesta hora sagrada e plena de alegria, precisamos compreender que sobre a base anteriormente colocada, um fogo positivo deverá ser inflamado. Temos o dever de inflamar em nós mesmos e coletivamente essa graça maravilhosa. Para atingir essa realização estamos agora neste templo. A inteira corrente da luz quer batizar-nos nestes dias como "filhos"!

É bem possível que para nós a corrente universal da luz seja ainda um vago conceito, uma noção abstrata. Contudo, se essa dificuldade existe, temos de levá-la em conta. É para isso que estamos aqui, para concretizar tudo o que ainda é abstrato. Estamos aqui reunidos nestes dias, a fim de experimentar interiormente as radiações da intensa força da pura luz gnóstica. As possibilidades estão presentes, a fim de permitir que a torrente ígnea gnóstica obtenha poder sobre nós. Assim, seremos preparados para uma tarefa grandiosa: a de tornar mais radiante e intenso o campo de luz magnético e, por seu intermédio, realizar no mundo um trabalho cujo resultado é uma nova colheita, que poderá ser levada ao reino de Deus.

Certamente teremos observado que estamos reunidos nesta conferência com um propósito muito mágico! Estamos reunidos harmoniosamente no salão superior do templo, para a celebração de Pentecostes, a festa da estrela de cinco pontas de Belém. Juntos queremos comprovar se neste momento estão presentes as condições mágicas indispensáveis para o êxito de nosso objetivo. Compreenderemos que as condições mágicas para alcançar um bom resultado apenas se apresentarão se forem aceitas por todo o grupo. Eis por que na Sagrada Escritura é dito com tanta ênfase que a condição essencial é "viver em união". Externamos nossa esperança de que todos nós estejamos preparados para fazer essas condições mágicas atuar plenamente em nós e professá-las, mediante perfeita disposição, confirmando-as no próprio ser.

A jovem Fraternidade gnóstica já recebeu há muitos anos a bênção da corrente da Fraternidade Universal. Sem dúvida, tornou-se extremamente necessário no estado atual do desenvolvimento do santo trabalho, que todos nós possamos ser admitidos na obra de construção mágica da Escola Espiritual e experimentemos conscientemente sua bênção! Já fomos aceitos com base em nossa plena adesão, e aceitação absoluta, com a finalidade de inflamar esse fogo em nós, para que a Escola Espiritual possa estar em segurança e seu trabalho possa ter continuidade com base no que já foi manifestado e realizado. Nosso total reconhecimento e aceitação têm como consequência, em primeiro lugar, a construção do manto da renovação, para em seguida, tecer a veste da alma. Essa grande tarefa de vida apenas pode desenvolver-se no Espírito Santo, e mediante o Espírito Santo.

O Espírito Santo, o terceiro aspecto da Gnosis Universal, não desce em nós, em determinado momento, como um presente do céu. Não, o próprio aluno terá de adquirir um "campo espiritual santo". Quando esse campo espiritual santo estiver preparado, o aluno será ligado à luz invisível do Logos. E por essa união, a luz visível, o filho da alma, será revelado. Para construir esse campo espiritual santo, como uma Arca de Noé na dialética, necessita-se de determinada ajuda. É impossível ao aluno consegui-lo com as próprias forças. No plano de Deus para a humanidade, nada acontece um segundo sequer mais cedo ou mais tarde.

Observemos como em determinada fase da história do desenvolvimento da humanidade, guias espirituais manifestam-se e atuam entre os homens e, sob a influência das forças santificadoras gnósticas, grande número de microcosmos é preparado para seguir a senda da endura até a transfiguração e o nascimento da luz.

Esses guias espirituais enviados de uma fraternidade precedente, são desde o seio materno, predestinados a realizar essa tarefa. Esse processo de predestinação divina é explicado com clareza e de maneira detalhada no Evangelho *Pistis Sophia*. As fraternidades precedentes, por meio de seus hierofantes, depositaram a semente da predestinação no regaço materno dos discípulos. E como a Gnosis jamais abandona a obra de suas mãos, torna-se claro o porquê e a razão de sua manifestação em nossa época, e o porquê e de que maneira foi construído em nossos dias um campo magnético espiritual santo que se ligou ao Pai Espiritual Universal.

Tudo isso não se origina nem do "eu" nem da natureza da morte, mas unicamente da Gnosis, que tudo realiza com seu amor. Assim, nessa base, nasceu o corpo-vivo quíntuplo pelo Espírito Santo da Gnosis original. Esse corpo, por meio do método sagrado, concretizou e realizou a veste da alma. Desse momento em diante, a comunidade interna da Escola Espiritual, envolta nessa veste da alma, pode, com todo o direito, denominar-se com o sagrado nome da Gnosis. A partir desse momento, a jovem Fraternidade gnóstica tornou-se realidade, o que significa que ela foi enobrecida e autorizada a preencher seu quinto campo de trabalho, que forma a ponta da veste quíntupla. Desse modo, ela foi considerada digna de conduzir seus membros à terra prometida; por conseguinte, os membros do quinto campo de trabalho recebem todas as possibilidades e oportunidades, a fim de iniciar e continuar conscientes a viagem da perfeição por meio do sexto campo de trabalho, o novo campo astral, até o sétimo campo de trabalho, o campo da ressurreição das almas imortais.

Antes que isso aconteça, o que nasceu e foi oferecido à Gnosis Universal e o que pede para ser admitido têm de submeter-se a um exame, de passar por uma última prova, que revelará se a veste da alma foi realizada processual e harmoniosamente, ou seja, se a estrela de cinco pontas e seus polos magnéticos estão na posição correta. Essa prova jamais falhará. Suas conclusões nunca serão falsas, porque, pela posição dos polos magnéticos da veste da alma de determinado microcosmo, é possível deduzir infalivelmente o verdadeiro estado de alma. Esses polos magnéticos sempre revelam a verdade.

A posição desses polos magnéticos mostra irrevogavelmente se a pessoa está orientada para a meta que realmente deseja atingir. A Doutrina Universal sempre verificou esse fato.

Todo ser humano tem determinada orientação, aspira a algo. A posição de seus polos magnéticos revela a direção da meta desejada. Quem almeja por algo tece em torno de sua personalidade uma veste etérica de acordo com seu desejo. Cada ser humano segue um caminho; cada pessoa aplica um método, cujo resultado é determinada qualidade de alma. Todos nós tecemos uma veste anímica com cinco pontas, e os polos magnéticos de nosso próprio campo de vida demonstram se nossa alma é uma alma da morte ou uma alma da vida. Compreenderemos também que, em determinado momento, pode ser comprovado se a ponta superior da estrela quíntupla do corpo magnético da Escola Espiritual está dirigida à Gnosis, ou ao contrário, essa ponta está voltada para baixo e os pés para o alto. Se esse for o caso, é uma prova de que a meta não é a Gnosis, porém a matéria, o objetivo é terreno, isto é, alcançar glória, posse de poderes terrenos, honra e riqueza.

Visto que cada alma irradia luz e projeta a seu redor sua forma e seu estado de ser, do mesmo modo o corpo quíntuplo da Escola Espiritual se revela externamente e, em determinado momento, projeta-se, claramente, na tela onde se manifesta. Assim, compreenderemos que, como participantes da Escola Interna e, por conseguinte, membros viventes do campo de irradiação magnético da Escola Espiritual, devemos levar nossa eventual futura tarefa sacerdotal a um clareza interior, a uma realidade, sim, a uma flama mais resplandecente do que nunca.

V

Da negação à libertação

Todas as fraternidades precedentes tinham um guardião, um protetor, um patriarca que retornou voluntariamente à esfera terrestre. Graças ao Sr. Gadal, encontramo-nos sobre solo clássico, unidos ao alento da fraternidade precedente, e ao indelével sacrifício de sangue de milhares de seres humanos. O guardião, o protetor, o patriarca foi um ser que espontaneamente voltou, pois amou a tal ponto a grande e três vezes santa obra em favor da humanidade que aceitou com satisfação voltar sozinho aos lugares do exílio. Contudo, estar nessa solidão é estar em comunhão com a Gnosis! Eis por que somos gratos à luz por sua graça maravilhosa, por ter-nos permitido saudar o patriarca da fraternidade precedente, nosso irmão e amigo Sr. Gadal. Estamos gratos pelo grande privilégio de termos conhecido e amado esse incansável investigador e protetor dos santuários.

O Sr. Gadal foi, em vida, um representante vivo dos focos na região do Sabartez. Muitos de vocês o conheceram. Por ele foram ligados ao testemunho vivo da história, ao alento da fraternidade precedente.

Muitos de vocês ouviram sua palavra, alguns de modo direto e muito pessoal, e puderam experimentar, graças a ele, a força da fraternidade precedente, sem um esforço que ultrapassasse suas energias. Estão neste momento muito positivamente conscientes da forte ligação que, como grupo sacerdotal, forjaram com ele? O passado histórico ao qual o Sr. Gadal os ligou foi um meio para alcançar a meta.

Que meta? A meta de seu estado sacerdotal! Assim compreenderão que, como partícipes da Escola Interna da Rosacruz Áurea, terão de conduzir sua ligação com a jovem Fraternidade gnóstica a uma absoluta clareza, a uma realidade, a um flamejante fogo, porque sobre essa "clareza" repousa a ligação consciente, grandiosa e positiva entre vocês e o último elo da sagrada Fraternidade. Esta ligação consciente e positiva deve ser mantida com honra, de maneira sólida e firme.

Com referência a vocês, em sua maioria, até agora somente podíamos falar de uma ligação negativa, que se manifestava, por exemplo, em diversos estados de alma, de espírito e de orientação que os fizeram entrar em contato com a Escola Espiritual em determinado momento do passado. Examinemos agora mais profundamente a natureza e a razão dessa ligação negativa, a fim de poder compreender suas consequências.

Primeiro, perguntamos: Por que está presente em vocês esse impulso interior para a Escola Espiritual e para a Gnosis? Para muitos a entrada na

Escola se deu há muitos anos, para outros foi há pouco tempo. Contudo, todos foram impelidos até ela por impulso interior. Por quê? Por que está presente em vocês essa tendência? De onde provem essa inclinação para a Rosa-Cruz, para o Santo Graal e para o catarismo?

Talvez responderiam: "Não sei bem, meus pais me mostraram esse caminho, ou talvez seja um impulso sanguíneo". Ou ainda: "Comecei a interessar-me pela Escola". Ou diriam: "Após muitas experiências, reconheci a Escola Espiritual como minha verdadeira casa". Também poderiam responder espontaneamente: "A Gnosis me tocou e chamou". Muitas respostas ainda poderiam ser dadas, porém elas não explicam o fato em sua essência, são meras suposições.

Contudo, nós, membros dos graus internos da Escola Espiritual, devemos saber com absoluta clareza os motivos que nos trouxeram à Escola. Apenas a realidade fria e nua pode ajudar-nos.

Sabem que o microcosmo, destinado à vida eterna, tem atrás de si um longo caminho de éons. Ele já abrigou muitas personalidades, e cada personalidade deixou no ser aural seu livro de recordações. Todas essas experiências dos inúmeros antecessores no microcosmo estão registradas no ser aural... A soma de toda essa carga manifesta-se, pois, como uma torrente de forças magnéticas, em cada novo habitante do microcosmo. Se vocês têm conhecimento disso, que conclusão poderiam tirar? Que uma força magnética cármica está atuando em vocês de uma forma espontânea, independente de sua vontade, influenciando seu sangue. E é esta força cármica que os conduziu até a jovem Gnosis. O que se pode deduzir disso? Que pelo menos a última personalidade no microcosmo foi confrontada com a Gnosis tríplice e, de algum modo, ela reagiu a esse toque.

O impulso magnético que emana do ser aural é uma força muito verdadeira. Essa corrente de força, carregada com tudo o que está armazenado no ser aural, flui para dentro de nós, logo que a personalidade se manifesta no microcosmo. Contudo, não é mérito nosso. Não podemos dizer: "Eu tenho" ou "minha personalidade procurou a Gnosis". Não! Eis por que a força aural, o destino cego, é representado por uma mulher com vendas nos olhos. Esse impulso magnético age automaticamente como destino cego. Portanto, foram guiados pelo impulso cármico de nosso ser aural até a Gnosis. Pela sua aproximação da Escola Espiritual, e mais tarde, pela sua ligação com ela, tiveram de lutar muito! Isso tudo é o resultado do conflito dialético entre as tendências naturais comuns e o impulso cármico. Esse impulso cármico os coloca muitas vezes, talvez até diariamente, em dificuldades. Ele coloca-nos em situações que não coadunam com as circunstâncias naturais sociais, pois, embora seu impulso cármico os leve na direção da Gnosis, não podem dizer que receberam a Gnosis. Por enquanto, há apenas uma obscura inclinação, proveniente do ser aural, para a Gnosis. Foram conduzidos à Escola Espiritual em virtude das características particulares de seu ser cármico.

Talvez pensariam ou diriam: "Como membros dos graus internos, sabemos todas essas coisas, pois há muito tempo nos falam sobre elas". Contudo, um grupo sacerdotal, que respondeu com um "sim" a esse chamado, um grupo que atingiu outro estado de consciência, uma consciência em expansão — referimo-nos aos membros do terceiro campo de trabalho — deve ousar defrontar-se, face a face, com a realidade do momento.

Ao aceitar essa realidade, precisamos penetrar mais profundamente por trás dos véus que encobrem a verdade. Perguntamos: se a personalidade antecedente no microcosmo vivenciou experiências gnósticas e reconheceu a senda da libertação, como é possível não terem consciência dessas coisas? Se a senda gnóstica pode, no curso de uma vida, libertá-los da dialética, da natureza da morte, se no curso de uma vida podem realizar o renascimento da alma-espírito, por que então, não estão plenamente conscientes do lugar especial que ocupam neste templo, pressupondo que o antecessor no microcosmo conheceu e experimentou interiormente a verdade universal? A resposta é evidente: os antecessores no microcosmo certamente conheceram a senda e vivenciaram muito essa senda. Sim, eles viveram muito perto do Santo Graal, porém não aproveitaram, por algum motivo, a grande oportunidade a eles oferecida!

Os antecessores em seu microcosmo contemplaram "Isso" e viveram muito próximo do "Tao" e experimentaram muito de perto o Grande Alento, de modo que o ser aural recebeu marcas indeléveis, a tal ponto que seu impulso magnético se manifesta em vocês.

É por isso que algumas vezes ouvimos um obreiro ou aluno dizer, quando ouve determinado aspecto de uma alocução: "Oh, isso já ouvi há vinte anos em uma conferência!" E nós gostaríamos de responder: vocês não foram confrontados com a mesma verdade universal apenas há vinte anos, mas desde seu nascimento vocês trazem esses ensinamentos da verdade eterna!

A corrente de fraternidades aguarda por vocês, e espera que possam manifestar, ainda nesta vida, o conhecimento da doutrina da verdade que tão bem conhecem a serviço do próximo. Se assim o fizerem, a chama de sua consciência dará provas disto perante a Fraternidade.

Como participantes dos graus internos precisam saber dessas coisas, pois não é para enaltecê-los que receberam esses conhecimentos. Os antecessores em seu microcosmo viveram no período que pode ser demarcado entre 400 e 800 anos atrás, logo, na época da Fraternidade histórica. Nessa época, os antecessores em seu microcosmo viveram, por exemplo, próximo aos cátaros, isto é, nas regiões do Sabartez, no país dos *bons hommes*, dos homens bons. Viveram também nos Países Baixos, na Alemanha, na Suíça, onde as

Fraternidades do Santo Graal e a Fraternidade da Rosa-Cruz clássica deixaram profundos sulcos como uma imperecível herança.

Muitos desses antecessores em nosso microcosmo, de cujo alento magnético vivemos e somos agora, traíram ou negaram de muitas maneiras as antigas fraternidades. Conheceram e experimentaram bem de perto a Gnosis, mas foram como aqueles de quem fala o Sermão da Montanha: foram "tocados", mas queriam servir a Deus e a Mâmon; tocados, mas, no momento em que vieram os perseguidores, foram tomados pelo medo e pavor; tocados, mas abandonaram seus irmãos e irmãs que permaneceram fiéis, inquebrantáveis; tocados, mas negaram a luz naquele momento preciso; tocados, mas, na hora do perigo, muitos mataram seus irmãos.

Defrontem-se com essa inexorável verdade! Microcosmicamente, foram estes que pregaram na cruz Nosso Senhor, na pessoa de nossos irmãos e irmãs que foram denunciados, abandonados e renegados por nós.

Por isso, o sangue inocente desses mártires é como um fogo, um fogo infernal que arde em nós, porque quem foi "tocado" jamais perderá a marca no sangue dessa culpa. Um "tocado" jamais se livrará dessa marca no sangue.

Esses "tocados" encontram-se neste momento neste templo; estes "tocados" encontram-se também no poço que Valentin Andreæ nos descreveu em "As núpcias alquímicas de Christian Rosenkreuz".

Compreenderam agora quem foram? Não se desesperem, todos vocês estão adentrando, assim esperamos, um novo estado de vida. Certamente, muitos há pouco estavam no fundo do poço dos "tocados", onde arde o fogo infernal.

Sem dúvida, é uma situação da qual ninguém deve vangloriar-se! Quem viu a luz uma vez, foi tocado por ela e não a seguiu, será marcado por essa luz, marcado pelo fogo de Hermes com o sinal da culpa. Compreenderão que se não houver reação de sua parte, e nenhum sinal receptivo, não poderão estar na luz solar do Logos. Quem uma vez viu a luz, experimentou sua força divina, confiou-se a ela e por ela foi marcado, este já não terá sossego nem encontrará tranquilidade enquanto não receber auxílio.

Nos anos que se passaram, sua vida não foi marcada pela falta de tranquilidade?

Não se rebelaram e tentaram de todas as maneiras possíveis escapar dessa intranquilidade? Não procuraram uma saída? Isso não foi curvar-se no fundo do poço da tribulação? Nesse caso apenas se tem descanso quando vem o auxílio. Mas auxílio de quem? Dos que uma vez foram traídos, queimados e martirizados por amor ao Santo Graal. Sim, Irmãos e Irmãs, é deles que lhes vem o auxilio.

Seu sinal, sua reação de culpa, sua ligação com essa culpa, é a união com a herança do Santo Graal! Dessa herança jamais vocês se livrarão!

Os antecessores em seu microcosmo abriram os véus: o raio de fogo penetrou no interior e, desse momento em diante, seu microcosmo foi ligado com a herança do Santo Graal. E jamais poderão livrar-se dela, pois, por ela foram "marcados" com o sinal do fogo. Agora somente há dois caminhos abertos para vocês: ou continuar no fundo do poço das aflições, com a marca ardente da culpa, ou seguir as diretrizes dos depositários divinos e realizar sua última vontade.

A fim de auxiliá-los na realização dessa última vontade dos espiritualmente grandes, dos libertos segundo a alma-espírito, os irmãos e irmãs do Santo Graal vêm até vocês! Assim a marca sangrenta da culpa com o Graal poderá ser transmutada por vocês em um Santo Graal da perfeita redenção. A flama do ódio e o fogo devorador de um medo desmedido fizeram seu microcosmo cair no mais profundo abismo. Todavia, pelo fogo do amor imperecível, a Gnosis sempre vem aos que foram marcados por intermédio dos predestinados, para alçar os assinalados com as cordas do amor!

Os que compreenderem isso tornam-se modestos e extremamente silenciosos, tão silenciosos em si mesmo, que se torna audível e perceptível para eles o amor de Deus. E sua resposta soará: "De mim mesmo nada sou. Ó Gnosis, sê clemente comigo!" – E pela corda luminosa o "provado" poderá ser alçado, como através de uma ponte à região dos viventes, ao país do Santo Graal.

Estas palavras de declaração e desmascaramento foram dirigidas a vocês, a todos vocês, visto ter chegado a hora. As cordas do amor do passado tornaram-se atuais. Aqui, neste momento, neste templo, as cordas do amor descem a serviço de todos. Os que foram traídos e renegados, os grandes segundo o Espírito, cumprimentam-nos com as palavras do eterno amor:

Venham, mui amados, aproximem-se,
O salão nupcial está preparado.
A mão amorosa do Pai acena-lhes!
Venham, o tempo chegou!

VI

A HERANÇA DO SANTO GRAAL

Se o aluno da Escola Espiritual, sobretudo o aluno da Escola Interna, deseja reagir de maneira positiva, em determinado momento, ao que a Escola Espiritual chama de Gnosis, ele deve definitivamente partir da ideia clara de sua ligação negativa, já mencionada antes.

Existe em cada aluno uma força magnética auxiliadora procedente do ser aural que o conduz avante e o mantém inquieto no poço da mortificação, onde ele se encontra. Essa força magnética impulsionadora ascende, via plexo sacro, pela coluna do fogo serpentino, preenche primeiro o "salão superior", localizado atrás do osso frontal, e depois todo o nosso ser. Dessa forma, o aluno é acolhido em um fogo ardente, uma fornalha flamejante. Este fogo não consome seu ser, mas o mantém durante a vida em uma contínua e impetuosa busca. Esse processo pode ocupar o ser humano desde o nascimento e, sem dúvida, se apoderou de todos nós.

Os toques gnósticos geram tensões magnéticas no ser humano, as quais ocasionam o fogo ardente da inquietação, principalmente se já houve uma reação negativa a eles por parte dos habitantes anteriores de nosso microcosmo. Podemos resumir essas tensões magnéticas em uma única palavra: "culpa". Culpa é uma concentração de força de luz que invocamos e à qual resistimos mediante uma atitude de vida incorreta e até mesmo condenável, não a assimilando de modo correto. Esse é, pois, o poder e a enormidade da natureza da morte, porque a humanidade mesma cria, continuamente, em diversas graduações e condições esse forte potencial magnético de "culpa", do qual é impossível escapar. É um processo natural, e todo ser humano lhe está submetido. O objetivo da natureza dialética é confrontá-lo com esse elemento de "culpa".

Depois da culpa, sempre vem a penitência, que é o esforço, segundo as leis naturais, para atenuar a tensão da culpa. São forças magnéticas que se apoderam de sua vida, e às quais tentam reagir. Assim seu ser, seu caráter, e todo o seu comportamento é determinado por essas influências. Eis por que existem tantas diferenças entre nós, embora, em essência, possamos classificá-las em grupos.

Depois da culpa, vem a penitência! Todos nós, de alguma maneira, praticamos penitência ou tentamos responder a esse sentimento de culpa. Portanto, isso é um esforço, segundo as leis naturais, para esvaziar a tensão da culpa e assim atenuá-la. Por isso, todo ser humano está ocupado em escolher uma atitude de vida que lhe possibilite seguir psicologicamente, da melhor maneira e de modo direto, seus impulsos cármicos e aliviar tanto quanto possível sua pressão. Existem situações e momentos em que nos sentimos tranquilos e tão equilibrados quanto é possível. Por isso, procuramos sempre retornar a esses momentos, a fim de livrar-nos da pressão magnética da culpa. Contudo, descobriremos, ao lutar dessa maneira contra nós mesmos, que esses momentos de sentimento de alívio temporário serão cada vez mais raros. Muitos comportamentos humanos são a consequência dos impulsos naturais para erradicar a própria culpa, dela escapar, ou fugir, e assim trazer maior ou menor equilíbrio à própria vida.

Culpa e penitência, vistas corretamente, devem andar juntas em cada ser humano. Por isso, ele deve ser um bom psicólogo, especialmente o aluno sacerdote.

Compreenderemos que a penitência de um ser humano e a forma como ele a pratica podem aumentar ainda mais a tensão de culpa, se esta não for direcionada para uma ação libertadora. A humanidade, sobretudo em nossos países civilizados, anda curvada sob essas tensões e procura, de todas as maneiras, delas escapar com o auxílio de terceiros. Muitos psicólogos procuram os motivos destas tensões e procuram conseguir um pouco de espaço para o ser humano. Todavia, certamente compreenderemos que isso jamais levará a uma solução em sentido libertador. A Psicologia, em sentido usual, é um esforço para manter a humanidade em determinado nível dialético aceitável!

Quase toda a humanidade, em relação ao problema de culpa e penitência, encontra-se em uma fase experimental. Contudo, ela jamais encontrará na dialética a solução para esse grande problema, ou, empregando a terminologia da Escola Espiritual: jamais encontraremos uma solução para os poderosos desenvolvimentos de forças magnéticas em nosso sistema. Todas essas tensões magnéticas deverão conduzir a humanidade à clara compreensão de que existe apenas *uma* solução, somente *uma* receita psicológica para todas essas tensões: dissolver-se na clara luz do Santo Graal.

Poderá surgir então a pergunta: "Qual é o maior pecado?" As opiniões de indivíduos, grupos, povos e raças a esse respeito são muito diferentes entre si. Sem dúvida, uma coisa é certa, todas essas diferenças serão eliminadas a seu tempo pela única e clara compreensão de que o maior pecado que o homem pode cometer é o pecado contra a luz universal da verdade! Esta é a definitiva e a mais profunda tensão de culpa que o ser humano pode contrair! Por isso, é dito na Sagrada Escritura que pecados contra o Espírito Santo não podem ser perdoados.

A humanidade na natureza da morte passa por diversos graus de culpa e penitência até chegar a um nadir! Nesse nadir surge uma luta quase insuportável: a comoção despertadora do medo que, em seus vários aspectos, conhecemos em nossos países civilizados.

Uma ilustração de um dos antigos escritos de Jacob Boehme traz o desenho de um poço aberto, por onde penetra luz. Os que se encontram no fundo do poço procuram irromper através das paredes, porém eles não veem a luz que irradia do alto. Toda sua atenção é dirigida no sentido de abrir um orifício na parede, a fim de agarrar-se com mãos e pés às pedras e assim subir a íngreme e lisa parede. O que acontece então? Possivelmente já observamos alguma vez um inseto subir uma parede e, em determinado momento cair, para depois reiniciar outra subida.

Isso também acontece com a humanidade em nossa ordem mundial! E todos os seres humanos têm esse comportamento até conhecer "a montanha da purificação". Todos nós tentamos atravessar os diversos círculos infernais, dos quais somos prisioneiros, em um perpétuo ir e voltar para sempre recair de novo no nadir. Nele as tensões de culpa aumentam de tal forma que se tornam insuportáveis. Cada alma buscadora é conduzida a essa situação.

Quando o fardo da vida dialética se torna demasiado pesado, apenas há uma única solução: subir "a montanha da purificação"!

Devem ver esse caminho da purificação para o alto como a única saída. Na Escola Espiritual referimo-nos a ele como "a endura", a autonegação. Quem ousa vivenciar a endura é elevado pela corda do amor, lançada pela Fraternidade ao fundo do poço. Trata-se agora de saber se, em sua desdita, estão em condição de ver a luminosa corda do amor e se desejam ser envolvidos por essa força de luz, de tal modo que, em determinado momento, sejam elevados acima do espaço e do tempo.

O último desejo dos depositários do Santo Graal deve ser cumprido, conforme explicamos nas duas últimas alocuções. Somente então o ser humano atingirá o equilíbrio entre culpa e penitência, e poderemos falar de remissão dos pecados. Somente então se tornam realidade as palavras do “Pai-Nosso”: “Senhor, perdoa-nos as nossas dívidas”.

Muitos dentre nós conhecem esse processo, e sua realização pessoal, por meio do qual as portas que levam do ser aural ao plexo sacro se fecham! Alguns poderiam indagar: “É indispensável percorrer, na natureza da morte, o caminho do nadir através de todos os círculos infernais? E se, em toda nossa miséria, descobríssemos ter percorrido apenas uma pequena parte do caminho?”.

Sim, esse caminho que leva ao nadir seria absolutamente necessário, se não houvesse a Gnosis, se não houvesse a Fraternidade da Salvação. Os depositários do Santo Graal não permanecem inativos acima desse abismo infernal. Não, os depositários do Santo Graal vêm a nós, eles descem até nós com suas cordas de luz do amor. Eles nos envolvem e estendem a luminosa mão a cada um que tenha suficiente consciência da natureza de sua própria tensão de culpa. E assim se efetua a ligação positiva! Seja qual for a situação em que estivermos no momento, poderemos, transformá-la imediatamente. O estado atual poderá ser nosso nadir, se em verdade quisermos segurar a corda estendida, a mão auxiliadora. O fato de nosso nadir ser mais profundo ou não do que o de nossos irmãos e irmãs não tem muita importância, visto termos respondido positivamente ao toque do Santo Graal, ao toque da luz universal.

Todos os irmãos e irmãs pertencentes à corrente universal de fraternidades participam de uma concentração de força de luz! Essa força de luz concentrada é o Santo Graal, que nos toca com sua essência. No transcurso dos séculos, o Santo Graal transformou-se em uma poderosa concentração de força libertadora. Ele é o sangue sideral do Cristo Universal. É um campo de tensão tão poderoso que a nada pode ser comparado. O Santo Graal é simbolizado por um cálice, e às vezes também por um coração em que flui o sangue vivificante. É o capital da Gnosis, reunido no transcurso dos tempos. Haurimos desse tesouro imperecível, a fim de tornar-nos radiantes de felicidade. Essa imensa concentração de forças libertadoras é o tesouro dos cátaros, o tesouro da Rosa-Cruz, dos que, através dos séculos, foram os fabricantes do ouro imperecível. Este é o tesouro do Santo Graal, a riqueza de toda a corrente universal de fraternidades.

Essa riqueza e essa concentração intensa de força libertadora são o tesouro em poder da jovem Fraternidade gnóstica, cujo guardião e grão-mestre é o Sr. Van Rijckenborgh. Esse tesouro imperecível poderá transformar-nos em seres radiantes de felicidade, se soubermos liberá-lo em nós mesmos.

Temos diante de nós, de maneira inequívoca, a herança do Santo Graal. Nós, membros dos graus internos, estamos reunidos neste templo para receber a oferenda dessa herança. A atmosfera desse templo é muito apropriada para isso. Nesse instante de nossa vida, transformemos o passado em radiante presente. A herança do Santo Graal nos é oferecida.

A herança do Santo Graal não é apenas simbolizada por um sol, não, a herança do Santo Graal *é* um sol. Ela é um poderoso campo de luz que quer acolher-nos.

Este campo de luz possui cinco aspectos, cinco sinais sanguíneos, e estes cinco aspectos também tomam forma na Escola Espiritual quíntupla manifestada na matéria.

Cada corrente duodécupla pode tornar realidade a imagem dos doze raios que todos nós trazemos no coração e na cabeça, pois acima dessa imagem irradia o sol gnóstico! Toda jovem Fraternidade gnóstica que é acolhida na corrente universal de fraternidades e admitida no majestoso sistema solar pode distribuir essa majestosa força solar a todos os que quiserem recebê-la e dela desejem participar: ela possibilita o renascimento e o crescimento da alma e a manifestação da veste áurea, a veste solar da alma, a força para nossa tarefa sacerdotal.

Em 17 de julho de 1969, quinta-feira, iniciou-se para nosso proveito esse trabalho mágico no Templo de Haarlem. Ocasião em que fomos tocados pela força do Santo Graal. O coração aberto da graça nos foi oferecido. Juntos, celebramos a Santa Ceia nesta concentração de forças libertadoras, e recebemos o elemento positivo libertador. Finalmente, neste mesmo dia, 17 de julho de 1969, no Templo principal em

Haarlem, recebemos, com base em nosso voto de fidelidade, a herança do Santo Graal. Aceitamos essa herança e, a partir desse momento, nos sentimos positivamente modificados. A Escola Espiritual da Rosacruz Áurea espera por nossas verdadeiras ações sacerdotais. Devemos entender por isso: com pleno conhecimento e obediência à lei da ordem espiritual e ao santo trabalho.

Quem tem ouvidos para ouvir ouça o que o Espírito diz às comunidades!

VII

O campo de radiação da jovem Fraternidade gnóstica

Existe um tesouro material gnóstico intato, mantido oculto pela própria Gnosis, com intenções e por razões que, sem dúvida, serão esclarecidas no devido momento psicológico.

Outro aspecto pelo qual o tesouro material dos cátaros é mantido oculto é o fato de uma realidade mágica poder ser empregada de duas maneiras, com a alma e com o eu.

Se fosse colocado em suas mãos o mais puro e divino método mágico e o utilizassem com o eu, seu efeito seria, no mesmo instante desvirtuado, maculado, embora o mundo o julgasse bom.

Esse tema possui ainda outro aspecto, a saber, no mundo há quem saiba muito bem onde o tesouro dos cátaros se encontra escondido e em que consiste, porém não pode aproximar-se dele, pois é protegido por radiações.

Pois bem, o tesouro material dos cátaros compõe-se de escritos, livros, ritos e alguns objetos sagrados de culto. Todo esse material se origina do conhecimento de primeira mão e é empregado pelos possuidores da alma-espírito para a libertação do mundo e da humanidade. É evidente que este tesouro, em mãos incompetentes seria funesto, pois uma magia praticada com o eu e para o eu, é sempre um perigo mortal e aprisiona à terra.

Poderiam perguntar: "Não houve sempre muitos escritos gnósticos puros em mãos profanas?" Sim, circunstâncias imprevistas como catástrofes contribuíram para a descoberta de numerosos tesouros. Todavia, seu conteúdo, em parte, não pode ser utilizado, pois um método gnóstico é sintonizado à época em que deve ser empregado. Na prática, em virtude da alteração das radiações cósmicas, seu aproveitamento já não é possível.

Isto também não sucede em relação ao tesouro dos cátaros? Sim e não! As radiações cósmicas do Espírito Sétuplo descrevem um curso circular no Universo. Elas vêm e vão segundo determinado ritmo! Os que conhecem as leis desse ritmo poderão, no devido tempo, revivificar e aplicar esses antigos sistemas mágicos em parte, e isso até com sistemas empregados na época lemuriana. Todavia, os resultados seriam muito estranhos e opressivos, porque a estrutura do ser humano se modificou no decorrer dos tempos. Agora, ingressamos em uma época em que se manifesta a mesma poderosa força de natureza cósmica de setecentos anos atrás. Por esse motivo, se o tesouro cátaro fosse descoberto por pessoas inaptas, seu emprego poderia causar danos incalculáveis à humanidade.

Se essa antiga magia fosse aplicada com o eu na Escola Espiritual, o seu corpo-vivo e seus diversos campos de trabalho não durariam muito, e o corpo-vivo já não irradiaria nenhuma força libertadora.

Contudo, poderiam objetar: "circulam muitos livros que dizem ser dos cátaros, nos quais estão descritos ritos e sacramentos". Sim, mas estes foram escritos por pessoas inaptas sem o verdadeiro conhecimento. Na maioria dos casos, esses livros são o resultado do cérebro dos compiladores, que mutilaram as antigas tradições. Muitas dessas obras fundamentam-se em suposições, o que pode ocasionar muitos perigos.

Ciente desse fato e muito vigilante, a Direção Espiritual da jovem Fraternidade gnóstica também tem de lutar contra muitas dificuldades, e no futuro qualquer trabalho gnóstico se defrontará com os mesmos problemas. Por isso, as fraternidades gnósticas sempre foram obrigadas a tomar medidas de proteção, não apenas em razão da inimizade sempre presente, porém acima de tudo devido à ignorância de amigos e colaboradores. Assim, toda fraternidade foi e é obrigada a colocar e manter em segurança o essencial de seus tesouros quando prevê o fim de suas atividades. O desaparecimento de todos os tesouros cátaros somente existe, como é compreensível, para os que são e estão nesta natureza. Já mencionamos, em uma alocução anterior, que nada pode ser mantido oculto para quem se eleva na alma-espírito. Por isso, esse tesouro é uma prova viva da atividade em diversos planos de vida de todos os que realizam seu trabalho na corrente universal.

Poderia então surgir a seguinte pergunta: Se o tesouro dos cátaros já não tem utilidade na dialética e é mantido apenas como lembrança ou peça de museu, visto sempre ser necessário reconstruir um tesouro imperecível, não seria preferível suprimi-lo por meios mágicos?

Não! Se fizéssemos essa pergunta, seria prova de que não possuímos a menor noção sobre magia. Pelo fato de ter sido confiada à terra uma herança cátara genuína, composta de doutrina e magia, isto é, de matéria pura em meio à matéria da morte, uma espada foi cravada na terra. Desse modo, o mundo e a humanidade foram ligados a uma força de julgamento, a uma aniquilação que redunda em benefício da próxima fraternidade gnóstica! Todo corpo anímico, portanto, também o corpo etérico da Escola Espiritual, projeta para o exterior uma luz em direção a seus polos magnéticos e atrai, assim, o objeto de sua projeção luminosa.

Disso podemos deduzir claramente que, da gruta da natividade, do seio da terra, um raio de luz se lança para o alto. No céu de sua manifestação, resplandece uma estrela de cinco pontas, a veste etérica quíntupla da alma, e, portanto, também o corpo etérico quíntuplo da Escola Espiritual.

Então, ficará evidente se, na gruta da natividade, há uma vida e uma atividade que buscam a pátria divina da vida universal, ou se a antiga serpente ígnea horizontal continua a manifestar-se e a impor-se nessa gruta. Se a estrela irradiar, como a de Belém, com a ponta dirigida para a vida divina universal, então virão os sábios gnósticos precursores do Oriente do Espírito, pois viram no campo de radiação magnético a resplandecente estrela. Eles viram com alegria e gratidão que uma verdadeira jovem Fraternidade gnóstica vivenciou a entrada no campo dos renascidos da matéria, a passagem por ele, e a elevação até ele.

De acordo com as leis imperecíveis das radiações magnéticas, a jovem Fraternidade gnóstica recebe o ouro do Espírito, o incenso da união com a fraternidade das almas imortais, e a mirra da absoluta libertação da alma-espírito. Sobre esta base, a jovem Fraternidade gnóstica recebeu o reino do grão-mestrado, e o sábio era o velho Patriarca, que demonstrou sua grandeza com humildade.

Assim, a festa gnóstica da paz de Belém foi festejada muito conscientemente, nem muito cedo nem muito tarde, porém no momento psicológico preciso, o da prova final.

Em 5 de maio de 1957, a verdade imutável da corrente universal de fraternidades foi confirmada na consagração mágica do monumento em Ussat-les-Bains. Após um período de provas de doze anos, o testemunho da verdade universal foi confirmado outra vez no tempo e na eternidade em 1º de junho de 1969, no centro iniciático em Ussat-les-Bains. Já falamos sobre esse assunto em nossos templos. A luminosa estrela de cinco pontas brilha no campo etérico santo, e a graça da Gnosis está presente, guiada pelos ígneos e flamejantes raios que dimanam do Espírito Sétuplo.

Agora podemos dar testemunho deste corpo sagrado. Gostaríamos de conscientizá-los desse fato, pois a jovem Fraternidade gnóstica deverá chegar ao pleno amadurecimento e com alegria servir a Deus e a humanidade, com sua total colaboração, com sua absoluta cooperação, irmãos e irmãs dos graus internos!

Entramos em um período importante, extraordinário, o período da realização! E visto que a humanidade não se preparou para este período, e nada mais sabe senão criar caos, é óbvio que podemos afirmar que o tempo da decadência, o tempo do juízo, já começou. Tudo o que existe será destruído nesta tempestade. Todos essas dores virão, contudo podemos reconhecer que a grandiosa força do amor universal intervém exatamente nestes momentos, colaborando com a corrente do julgamento, podendo assim salvar incontáveis seres de uma decadência.

Rompeu o dia de um início totalmente novo! Uma onda de novas radiações abre caminho no Universo e se derrama sobre nosso planeta. Na realidade, isto seria suficiente para sua destruição, contudo, o propósito dessas radiações não é a destruição, mas unicamente a realização do plano de Deus, que é o amor mesmo. É por essa razão que o anjo do sétimo raio clama: "Espera [...] até selarmos na fronte os servos de nosso Deus!" Podemos ler a esse respeito no cap. 7 do Apocalipse.

Nosso grão-mestre, Sr. Van Rijckenborgh, fala-nos a este respeito: "Mediante uma reação plena de compreensão, inteligente e correta, pode-se fazer muito pelo mundo e a humanidade, por exemplo, detendo as influências projetadas e irradiadas diretamente sobre ela. Este é um trabalho salutar que um grupo preparado e uma verdadeira falange sacerdotal podem exercer".

Imaginemos que nosso grupo do terceiro campo de trabalho, ainda em preparação, e o grupo sacerdotal formem juntos semelhante estação de força. Então, por meio de nossa ligação com a corrente universal de fraternidades, uma força intensa poderia ser irradiada no corpo magnético da Escola Espiritual e em todos os seus órgãos. E onde a ajuda da Escola Espiritual da Rosacruz Áurea e de seus obreiros fosse insuficiente, devido ainda a sua fraca força, a corrente universal de fraternidades auxiliaria diretamente.

Assim, é formado no presente um poderoso campo sétuplo de radiação, e nossa fraqueza será transformada em imensa força.

Dessa maneira, uma corrente vertical liga-se a diversas atividades horizontais. Esta é a cruz de Jesus Cristo, a cruz da vitória! Contudo, isto é somente o início! Jesus disse a seus discípulos: "Fareis obras maiores do que estas", porque no campo magnético da jovem Gnosis e em tudo que nele se encontra é irradiada a ideia da libertação da alma-espírito, segundo o plano de Deus e de sua justa ordem, enfim, a verdadeira religião. Este poderoso campo magnético rechaça toda mentira, calúnia e traição, banindo-as para sempre. E o resultado será, infalivelmente, um reino de paz!

Possa a cruz da libertação, a cruz do amor, servir como gloriosa ressurreição para toda a humanidade! Com a mão da ação sobre Galaad, o montão do testemunho, consolidamos nossa promessa de fidelidade, de amor e de espírito de sacrifício à jovem Fraternidade gnóstica, à Escola Espiritual da Rosacruz Áurea, a fim de que o bálsamo do auxílio e do consolo seja confirmado novamente em nós, no tempo e na eternidade. Então, jamais nos separaremos, por toda a eternidade.

Almejamos mutuamente essa vitória em nome do Pai, e do Filho e do Espírito Santo!

Amém!